Mis Sentimientos

Gildardo Valdivia González

Reservados todos los derechos. No se permite la reproducción total o parcial de esta obra, ni su incorporación a un sistema informático, ni su transmisión en cualquier forma o por cualquier medio (electrónico, mecánico, fotocopia, grabación u otros) sin autorización previa y por escrito de los titulares del copyright. La infracción de dichos derechos puede constituir un delito contra la propiedad intelectual.

El contenido de esta obra es responsabilidad del autor y no refleja necesariamente las opiniones de la casa editora.

Publicado por Ibukku
www.ibukku.com
Diseño y maquetación: Índigo Estudio Gráfico
Copyright © 2019 Gildardo Valdivia González
ISBN Paperback: 978-1-64086-442-9
ISBN eBook: 978-1-64086-443-6

Índice

Dedicatoria	5
Tierra	7
Voluntad	8
Te quiero	9
Éxtasis	10
Quiero	11
Estoy pensando en ti	12
Ojos lindos	13
Ni yo me entiendo	14
Terco Corazón	15
Así eres tú	16
La belleza es temporal	17
Hola, sólo quiero decirte	18
La batalla de todos los días	20
Sentimientos	21
Pensar cosas malas	22
Silueta	23
Apenas	25
Estoy contigo	26
Pensando en ti	28
Ser papá	30
A Ella	31
Tienes razón	32
Otra vez	33
Una mujer	34
El amor y la vida	35

Mis hijos	37
Te perdí	38
Mi trabajo es:	40
La vida es escasa	42
Un poquito de ti	44
Hoy toqué tu corazón	45
Síntesis de un loco enamorado	46
Hoy, después...	48
I want to open your heart	50
Son lágrimas o gotas de sangre	51
Corazón escondido	52
Hola Dios	54
Como mariposa	55
Hola amor	56
Cuando más te necesito	57
Hoy empieza un peldaño más de mi vida	59
Kathia y Julián	60
Así de transparente	62
Se trata de mí y de ti	63
La que más me gusta	65
Eres un diamante y yo un pedazo de carbón	67
Son tus líneas	69
Somos románticos	70
Qué tan profundo	72
Al cerrar mis ojos	74
A mi hija	75
La almohada incómoda	77
Degustar tus labios	78

Dedicatoria

Dedico este libro a cada una de las personas que me inspiraron o motivaron a llevarlo a cabo, sé que aún hay más por escribir, porque hay una nueva historia en mi vida que tiene nombre.

Dedico y agradezco a dios padre por estar aquí, por bendecir este proyecto y cada una de mis sinceras palabras, a mis padres, hermanos e hijos que son fuente de energía que me ayuda a explorar nuevas formas de transmitir *Mis Sentimientos*, a través de estos poemas.

Tierra

Tierra, dime cuántos años has vivido,
cuéntame paso a paso
lo que el hombre no ha sabido,
conocimiento has ingerido de tu vida en existir,
historia tú me has dado,
me haces muy feliz,
por si acaso un soldado,
que aprende todo de ti,
nunca digas que no eres sabía desde que te conocí.
La verdad sólo tú la escondes,
la verdad sólo tú conoces,
deja que de tus pechos esas voces
digan por qué eres así;
dile al pueblo que despierte
y que con una voz no inerte,
la voz tuya, que es muy fuerte,
para que sepa la gente
lo desconocido, lo misterioso,
y que llenos de gozo al oírte
a ti despierten.

12/12/1992.

Voluntad

En la vida no hay muchos caminos para satisfacer lo querido,
sólo uno que se logra con el esfuerzo que se ha tenido,
pero no con dinero como el bandido.
Depresiones se han sufrido, voluntad se necesita,
el cobarde se hace a un lado y el valiente se felicita.
Sin rencores ni temor, adelante soñador,
que más llega el que sueña,
cumple, ¡oh, triunfador!,
que a la cima que has ansiado,
cuando veas, ya has llegado y tu voluntad te ha ayudado.
Ahora cumple tu sueño anhelado y nunca te quedes atrás,
victorioso amigo mío, victorioso siempre fuiste,
eres un buen ejemplo, eres tú y sólo tú eres un triunfador.

13/02/1994.

Te quiero

Sé que no sabes que te quiero y que estoy enamorado de ti,
que cada día que pasa te extraño más y más.
Que te amo y quisiera gritarlo a los cuatro vientos,
decir mil veces te amo,
que adoro tu cabello, tus ojos, tu boca y lindo cuello,
que sobre él quisiera recorrer mis labios,
que no me canso de pensar en ti
ni de perderme en tus ojos, tu sonrisa, tu mirada,
que te extraño y no puedo olvidarte,
que te busco y no te he podido encontrar
y si acaso pudiera tocar tu boca, tu cuello, tu cuerpo, tu todo,
hasta llegar a ti, a tu sonrisa, a tu mirada, a tu felicidad.

08/04/1996.

Éxtasis

En un rincón de la tierra,
un lugar es cualquiera.
Cuando el viento sopla y no frena,
cuando el agua tiembla y menea,
cuando el fuego quema y no arde,
cuando la tierra se tambalea,
un amor ardiente se entrega
con ayuda de una hermosa canción,
donde nuestros cuerpos se enredan
y entrego todo mi corazón.
Así lo siento,
porque al unirme a ti reviento
en una explosión de emoción.
Entonces me da sed de seguirte conociendo,
pues tu cuerpo es un laberinto
y no termino aún
de entregarte mi amor.

28/05/1998.

Quiero

Quiero cincelar la coraza de mármol
que protege tu corazón con palabras preciosas y letras muy grandes,
que, en pétalos finos de hermosas rosas rojas,
grabadas mis letras conviertan a tu duro amor.

Quiero Gritar mil veces que te quiero y mil veces que te amo,
que tus manos junto a las mías estén y acariciarlas.

Quiero estar muy cerca para tomarte a besos
ahogándome en tus labios y quedar sediento.

Quiero encender esa flama de fuego que alimenta tu corazón
y que lo que en esta blanca carta que escribo
tú lo sientas, como lo siento yo,
sólo quiero decirte que te amo.

04/03/2000.

Estoy pensando en ti

Estoy pensando en ti y escribiéndote con los ojos cerrados
y la pluma que tú un día me regalaste,
cada vez que lo hago, el ruido que hay en los alrededores
y que me pudiese desconcentrar,
se convierte en un resuello de mi alma y se desvanece en mi mente,
formando tu figura, mi almohada donde recuesto mi cuerpo,
forma tu cuerpo esculpido y las paredes de mi cuarto escenifican el día
que una vez aquí me regalaste y que,
aunque el calor de mi pecho,
el sabor de mis labios en los tuyos,
el recorrer de mis manos en tu suave cuerpo
y el unir de mis venas sufren tu ausencia,
tú estás conmigo y que ahí donde estás,
con todas tus inseguridades, tus ojos, tu sonrisa sublime,
tu corazón noble y tus bellos sentimientos hacia mí,
son el mismo imán que me atrae y que si no estoy contigo tampoco
físicamente,
lo estoy en el agua que bebes por las noches,
en el rocío del pasto por donde caminas todas las mañanas
y me guardas en tu pensamiento, como yo te guardo a ti
y te recuerdo
cada vez cuando veo el sol, cuando veo un árbol muy grande
y como cuando veo las estrellas en el cielo.

19/08/2001.

Ojos lindos

Ojos lindos diáfanos y cristalinos,
llenos de insigne luz que alumbran mi viaje hacia tu corazón.

Ojos lindos y coquetos sin censura, que puedo meterme dentro y
notar un albergue de amor.
Ojos lindos, un deseo que, desde ellos hasta tu cuello,
muy inspiradores despiertan con besos una pasión.

Ojos lindos y humildes que tienes, ves y conoces
y que por medio de voces detectan amor.
Ojos lindos y caricias constantes que tú desataste cuando te conocí,
ojos lindos que a mí me inspiren, jamás vi,
ojos lindos de mí no te olvides,
como yo no lo he hecho desde que te vi,
ojos lindos robaré una mirada y un beso tuyo,
cuando tú me quieras igual que yo a ti,
ojos lindos, porque te quiero.

05/06/2005.

Ni yo me entiendo

No en mi conocimiento,
tampoco en mi pensamiento,
mucho menos en mi voluntad o capacidad.
En lo que no me entiendo es en mi corazón,
yo no me entiendo,
pues no sé si es desilusión.
No me es fácil, no tengo
miedo, pero dejo todo antes,
menos la emoción de querer a alguien,
de su sonrisa linda,
de sus labios tiernos.
Ahora mi corazón
tiene una coraza de mármol
que protege de amor y es que no es tan fácil,
cuando existe la necesidad,
ni yo me entiendo.

25/10/2005.

Terco Corazón

Qué difícil es la vida
cuando amas demasiado
y no eres correspondido,
porque la mujer amada,
con su orgullo y coraje,
ha guardado lo que siente
en un viejo ataúd.
Qué difícil es vivir sin ti
cuando sabes que tú eres,
que tus besos y caricias alimentan mi ser.
Qué difícil es mirarte
porque ocultas tu mirada e insinúas tus insultos
lastimando mi corazón.

06/06/2006.

Así eres tú

Mente de triunfador, corazón de aventurero y la coraza de mármol,
de pensamiento humilde pero enredoso,
pues al parecer, el gozo no es amar sin decidir, vive la vida, sé feliz
en cada momento que es especial.
Tacha tus errores, libre de pensamiento, cual ser sediento,
sólo de amor, triunfador de nacimiento,
batallas con sudor enfrento.
No pierdo, aprendo y reflexiono en cada momento,
corazón de aventurero, eres todo un caballero,
con el corazón de aventurero y la coraza de mármol, así eres tú,
mente de triunfador, corazón de aventurero y la coraza de mármol,
con canas perdidas, porque nunca las miras y los años vienen,
no se detienen en tus letras frenesí y plasmas algo que sólo
tú entiendes y sigues, verdad que sigues, que no es testigo el tiempo,
sino la situación, la reflexión y la maldita duda que siempre existe.
Me lleno de tizne, como soy, con la mente de triunfador,
espíritu valiente,
con fuerza latente, como mi gente
y la coraza de mármol, que protege mi corazón, así eres tú.
Mente de triunfador, corazón de aventurero
y la coraza de mármol,
de la fila el primero
de los gatos también, son tres, bien que me acuerdo.
Para los que no me conocen, mente de triunfador,
corazón de aventurero y la coraza de mármol, así soy yo.

09/07/2006.

La belleza es temporal

La belleza es temporal, se acaba y todo lo que puedas explotarla sólo es material,
pues no sabes quién te quiere, ni quién siente en verdad algo hacia ti
cuando está a tu lado. La belleza es un espejismo en realidad, que te puede confundir, que te puede dañar
si no descubres el amor en realidad,
es estética si se tiene un corazón desinteresado, pero no es garantía de felicidad,
es el problema de las personas guapas,
como si fuesen egresados de la misma universidad,
entre más te fijes en la belleza,
más pierdes la vista para asomarte en el fondo de su corazón.

Homenajeas un cuerpo, pero no te encargas de entenderlo por dentro, es brutal,
estoy muy consciente de la tenue luz que acaricia un cuerpo femenino,
de su estética,
de su sonrisa, de su atracción y belleza,
pero también de sus actos, de sus caricias, de la dulzura de sus palabras,
de que te escuche, de que piense en ti como lo haría yo.

05/11/2006.

Hola, sólo quiero decirte

Sólo quiero decirte que siempre te amé
y que no sabía lo que por ti sentía hasta que te miré,
cuando tu silueta soñaba, al igual que tu sonrisa
y me permitía imaginar un futuro
donde estábamos los dos.
Han pasado los años y cuando te miro
sigo sintiendo lo mismo.

Este sentimiento, no lo dejé salir jamás,
porque no me sentí seguro
de verte y ya no quererte.
Sigo recordando cuando un día toqué tus manos
y las coloqué junto a las mías,
la ternura y calor de ellas
me cautivaron.

También recuerdo esa bella imagen
y linda sonrisa de la cual me despedí.
Recuerdo tu cuerpo,
tu cabello, tus ojos
y tus labios carmesíes.

Los años han pasado
y no sé dónde estás,
sólo sé que existes
y que estás en mi corazón.

Quiero decirte
que llevo impregnados recuerdos tuyos en mí,
que eres especial,
que siempre te querré,
y paciente, deseo volverte a ver...

15/11/2006.

La batalla de todos los días

Hoy, como todos los días, empecé y terminé una batalla más de mi vida.
Hoy enfrenté a egocéntricos, a oportunistas, a tramposos,
a quienes de mala fe no actúan en beneficio de la pluralidad y,
como todos los días, no sé si perdí o gané, no sé si convencí o fue irreal,
pero lo que sí sé, es que hice lo correcto,
con amor hacia mi trabajo y disfruté lo mejor de mi constancia
de insistir contracorriente, de no solapar la impunidad.

Mañana será igual y los payasos que creen que son dueños del momento,
no lo serán toda la vida,
los que no viven la lucha intensa del hoy, sino que se regocijan en el placer
y el falso espejo, que, al dar la vuelta, enseña el sarro acumulado
por no mirar ese lado de la vida y lijar por él.

11/01/2007.

Sentimientos

Con cada beso que te di te fuiste llevando
parte por parte mis sentimientos
y por cada sentimiento
mi tiempo y mi amor,
quiero que me los devuelvas
con besos, como te los di yo.
Por cada instante que te miré,
por cada segundo que tus manos yo toqué,
por cada caricia tuya que se convirtió en mi vicio,
por cada caricia, por cada recorrer de mis labios en tu cuerpo.
Te llevaste mis sentimientos
y por cada sentimiento
mi tiempo y mi amor,
quiero que me los devuelvas,
como te los di yo

30/03/2007.

Pensar cosas malas

Puedo pensar muchas cosas malas
impulsadas por el demonio,
pero sigo actuando con fe hacia dios.
Puedo hablar como un demonio
cuando me encolerizo,
pero sigo sintiendo los mensajes de dios.

Sigo siendo leal a dios
con pensamientos sinceros
y aunque a veces siento como si lastimaran,
pero sigo pensando en dios
y sé que tengo que obrar bien.

29/04/2007.

Silueta

Son las 12:00 de la noche y, como todos los días, la bella silueta,
la estética imagen que, tras cortinas de seda, en aquella ventana de aquel balcón,
bajo la luna llena, bajo su luminosidad y bajo la noche tenue,
observo un cuerpo femenino que muestra su bondad y perfección.

En mi andar nocturno, cuando me detengo en el pino,
no tengo más recompensa, que la reflexión de esa bella pero incógnita mujer,
tan estética y perfecta como la luna, la luz, el pino y la seda.

La sombra de sus curvas, tras las cortinas de seda en forma de cascada,
enamoran a la luna, porque todas las noches, al igual que el pino y yo,
ella ahí está y aunque las estrellas se encelan,
ni la luna, ni el pino ni yo, nos marchamos,
hasta que la silueta oscura que hace reflexión se desvanece
y entonces me alejo y me acuerdo nuevamente de que mañana volveré.

Inspirado por aquella silueta perfecta, llevo parte de mi andar y poema,
inspirado por esa bella imagen en cada sueño,
en cada recuerdo,
la estética imagen cuando cierro los ojos la conservo
y así espero, hasta que inicia mi recorrer nocturno
y otra vez a las 12:00 volverle a ver.

Silueta, sé que mañana te veré y tal vez ya te diste cuenta de que la luna, el pino y yo,
somos testigos y estaremos ahí.
Yo con mis ojos, el pino con su sombra y la luna con su luminosidad, silueta de mujer incógnita, bella mujer que se encuentra tras esa cortina de seda, tras esa ventana y en ese balcón.

10/05/2007.

Apenas

Apenas te conocí y no sé ni cómo fue,
apenas te conocí y en cada minuto me enamoro más de ti.
Apenas te conocí y ya admiro tu belleza, así como disfruto tu forma de ser.
Apenas te conocí y ya eres muy especial para mí.
Apenas hace dos días te conocí y ya deseo ver tu sonrisa
para no imaginármela del otro lado de la pantalla,
así como perderme en el brillo de tus ojos color caoba
para que tú después me encuentres en ese laberinto
y juntos recorrer una montaña.
Apenas te conocí y de tus palabras no quiero desprenderme,
tampoco de tus labios rosas ni de tu barbilla hasta tu cuello
y mucho menos del hermoso aroma de tu piel.
Apenas te conocí y no sé cómo fue.
Apenas te conocí, apenas te conocí y...
y ya te sueño, amo, nombro y dedico una rosa y mi atención.

16/06/2007.

Estoy contigo

Hola, no me ves, pero estoy aquí contigo, en cada recuerdo,
en cada pensamiento, en cada sonrisa y hasta en cada lágrima.

Cuando tú estás triste, yo me pongo fuerte para darte ánimos
y pueda cobijarte en mi hombro y así,
pronto sobresalir ante cualquier adversidad,
por tan difícil que sea y
¿sabes cómo lo logro?
sólo escuchando tus palabras, sólo con tu cariño,
porque eres para mí muy especial.

Cuando tú estás alegre, yo me lleno de felicidad,
sonrío a tu lado y te echo porras para que alcances tus metas,
porque ése es mi quehacer, porque tú me das fuerzas
y porque estás en mi mente.

Cuando tú estás preocupada me pongo a pensar en cómo ayudarte,
pero cuando pasan días y no tengo comunicación contigo,
siento que me faltas y necesito escucharte porque te quiero,
porque eres parte de mí, porque te integras a mi vida de forma importante
y sin tus palabras, tu voz y tus besos, no podría estar.

Estoy contigo y quiero siempre estar,
quiero que en estos momentos no estés triste
y logres entender que la vida continúa, que la tenemos que disfrutar,
aunque nuestros familiares no estén tan cerca físicamente,
pero sí dentro de nuestros corazones, como estás tú en el mío.

Estoy contigo por lo que eres, por lo que significas y por tu forma de ser, estoy contigo en las batallas perdidas, cuando los mares salen, cuando la tierra tiembla, cuando conquistas tus metas, cuando sonríes muy fuerte, cuando sueñas aventuras, cuando caminas a solas, cuando te escribo esta carta.
Siempre estoy contigo.

06/08/2007.

Pensando en ti

En cada momento, porque cada momento en que la sangre que corre
por mis venas y suena, yo te recuerdo y te llevo en mí.

Pensando en ti.
Mis sentidos esgrimen silenciosas siluetas tuyas,
primero, de tu sonrisa con júbilo, después de tu mirada tan sublime
como mis recuerdos, después de tus labios que rasgan tu dentadura
cuando ellos se juntan,
de tu lindo cuerpo, de tus suaves curvas que al sol aparecen,
con la luna desvanecen y tras tu cuerpo se esconden.

Pensando en ti.
De cómo te encuentras, de si estás triste, mmm, no sé,
de si estás alegre, qué bien, pero al fin y al cabo no sé.
De si lloraste, de si triunfaste, de si te lastimaron, de si te reíste, de si a
mí recuerdas,
de cómo estás hoy o cómo estuviste ayer.
Y bueno, de si te veré otra vez en mis sueños,
de si te conoceré, de si imposible no es,
pero no fácil.

En fin, pensando en ti.
Como cuando huelo el olor de un clavel, de una rosa o de un jazmín e
imagino tener tus labios junto a los míos, tomar tu mano y caminar a
la orilla de un mar.

Pensando en ti.
Si te cubriste para dormir con una cálida cobija, porque tienes frío, si tienes calor y sólo quieres ventilar tu cuarto.
Pensando en ti.
De si ya dormiste, de si te levantas y lees mis letras, de si estás tú enamorada, de tu corazón que late, de si tienes sed y la calmas con agua y no con mi boca.
Pensando en ti.

09/01/2008.

Ser papá

Es no tener miedo día a día, el educar con insistencia,
el vivir anteponiendo tu vida a la de tus hijos,
el de disfrutar una sonrisa o también una represión hacia ellos.
Ser papá es ser grande, es ser más importante,
es alargar el tiempo entre tu vida y tu envejecimiento,
es el todos los días mirar la punta de tus zapatos lustrados y
transformar tu vida poco a poco mientras recuerdas a tus padres y
quisieras abrazarlos,
es el ver cómo tus hijos crecen y cada vez te cambian la vida,
es el mirarles la cara, sus sonrisas, sus ojos y sus gestos,
de esas personitas a las que amas y dices: soy yo, sólo que en otro
tiempo.
Es el entender a tus papás y amarlos aún más,
porque ser papá es único, como único es tener papás.

Te doy gracias señor, por haber puesto en mí la confianza de tu ser, por
darme una de las alegrías más grandes del mundo: el ser padre y por
compartir con mis padres
mis logros y mis vivencias.

11/03/2008.

A Ella

Qué difícil es vivir sin ti y no tocarte,
qué difícil es tener tu corazón, pero no tus labios, tu cuerpo, tu calor y tu olor.

Qué difícil es esperar a que pasen los días mientras a solas me mata esta triste agonía, porque extraño tu sonrisa, tus besos, tu cuello, tus gestos y hasta tu forma de pensar.

Cuando me recuesto y cierro mis ojos, veo tu imagen, respiro profundo,
escucho el aire que sale de mi nariz y dentro de mi mente veo cómo ese aire se transforma en tu rostro,
entonces decido apagar la luz para que tu rostro se ilumine con la luz de la luna
y la cortina de seda de mi ventana, tome la figura de tu cuerpo y, tras de ella,
esa silueta noble y sencilla de la mujer de mi vida, de mi esposa, la que llena de luz y felicidad mi alma y también que da parte de su vida por mí.

17/05/2008.

Tienes razón

Tienes razón, es mejor dejarlo así, porque entre más te amo, más te alejas de mí y yo no quiero que te alejes, sólo te pido que, por favor, me devuelvas mis besos y mis momentos, como yo te los entregué a ti, porque con cada beso te fuiste llevando mis sentimientos y con cada sentimiento mi corazón.
Ahora, cuando intento verte a los ojos, evades tu vista y me lastimas, porque los sentimientos de este terco corazón ya los escondiste o enterraste en un viejo ataúd,
hoy te digo que no olvidaré.
Ninguna noche, ninguna estrella, ningún arrullo del viento, ningún latir de tu cuerpo, no olvidaré tu sonrisa y tampoco tus manos, lo que sí olvidaré, y creo que tú también, es que estamos cerca, pero es muy lejos, porque tú has dejado de sentir lo que un día soñaste.
viviste conmigo, escribiste y también me mostraste,
ya no sentiremos nuestra piel, labios y calidez de nuestros cuerpos
como cuando nos fusionamos,
ahora sólo queda un corazón sin latido,
devuélveme mis sentimientos y mi corazón,
como cuando algún día te los entregué yo.

27/05/2008.

Otra vez

Otra vez a sentir lo que ya existía,
a pensar en ti todo el día,
a que invente tu cercanía,
a extrañarte tanto, tanto como para cerrar mis ojos,
respirar profundo y que mis manos te escriban,
porque te siento a mi lado, porque te extraño,
porque no podría definir lo que siento,
pero sé que está atrapado en el holocausto de ti y mi corazón
y aunque a veces no converse contigo,
cuando lo hago termino pensando en ti cada vez más,
con tu imagen estampada en un recuerdo presente,
con tus ojos color de caoba que no he visto ni siquiera de forma real
porque sólo es una fantasía.
Desinteresadamente hay algo que no podría definir en ti,
no por tus manos, no por tus bellísimas piernas o cuerpo,
sino por el ser humano sensible y loco que hay en ti
y que me contagia sintiéndome igual.

11/06/2008.

Una mujer

Extracto de miel, perfume de flores, fragancia de rosas rojas,
vertiginosa historia de amor, pupilas sinceras, pies desnudos
caminando sobre la arena del mar, dulce y agonía primavera, radiante
sol, tilde de una canción, la ropa que al quitar te descubre,
la almohada en mi cama, espuma que te cubre cuando bañas,
fuerte tierra, canto y melodía de una célebre canción,
un monumento de pasión, una linda sonrisa, una cálida caricia,
unos ojos brillantes y sinceros, unos labios mar de tentación,
una terrible pasión,
el ardor de tu corazón, la dueña de tus y mis tontas notas,
la fábula hecha,
la heroína o villana de esta historia de amor, mujer es vida.

28/11/2008.

El amor y la vida

Qué es el amor, es el sentimiento más difícil e imposible que he sentido en mi vida
y que es como el dinero en el avaro, entre más amor tienes, más quieres tener,
el amor se puede manifestar de mil y una forma, de uno o mil colores
e incluso en contra de ti o hasta poniendo en contra tus sentimientos,
pero es amor y no hay amor sin sufrimiento ni sufrimiento sin amor.

El amor es puro cuando sincronizas tu mente,
cuando él o ella piensan en ti como tú en ella o él,
cuando a pesar de que dejaste de comunicarte sigues pensando en ella o él,
cuando la distancia hace que se acerque más la imagen de esa persona que quieres,
cuando la quieres, cuando la amas.

La felicidad se logra cuando de la vida ves y tomas las cosas en su forma más sencilla,
sólo falta detenerte unos minutos y observar a la gente,
eso te refresca, tarde o temprano te das cuenta de que lo que buscabas muy tarde lo encontraste, no te diste cuenta o, si te diste, ya es tarde
o simplemente lo dejaste ir porque ya no se acomoda en la escena de tu vida.

La vida es como una escena de teatro en donde a veces ríes o lloras, porque así tú mismo escribiste tu guion, ese guion que muchas veces improvisaste,
porque si tú lo planearas así, tal vez existiría aún más el error,
porque somos seres humanos y nos equivocamos, una y otra y otra vez,
tal vez la primera vez más o la última menos, pero al fin es error, es equivocación,
sólo se esgrime el idioma del sentimiento en tu cuerpo, de la voz, del calor, del olor, del color, de la esencia del roce y del mismo pensamiento.

21/03/2009.

Mis hijos

Al decir: mis hijos, quiero ser para ellos un escudo de hierro, un viento cálido y la toalla que limpia las lágrimas en su rostro, pero también creo que no hay palabras para describir lo que siento por mis hijos, mis "borusitas" de pan, como les digo yo, hacen que mis pensamientos, aventuras y quehaceres giren alrededor de ellos.

Mis hijos son el reflejo de mi alma y el brillo de sus ojos,
la inocente sensación de amor que algún día perdí cuando dejé de ser
un bebé o un niño
y que de nuevo la tengo dibujada en sus rostros.
Por cada travesura, por cada risa, llanto o berrinche, me transformo en amplio cielo donde vive papá dios y vigila nuestros actos.

19/04/2009.

Te perdí

Ya una vez te perdí y no te había encontrado
porque pensé que no existías,
pero de mis pensamientos no te había borrado,
si hoy otra vez lo es, quedo más equivocado
y sediento de tu cariño y amistad,
sigo teniendo tus imágenes de mi pensar.
Sólo sé que te conozco de una manera como no se conoce a nadie,
no sé qué paso la otra vez,
pero confundido me quedé,
sólo tú sabes la verdad,
pero de mí la escondes,
pues no soy dichoso de ella,
de tus palabras ni de la casualidad.
Esa parte de mi corazón se queda vacía, pues el frío de tu ausencia la ha congelado, tus palabras se han desvanecido poco a poco y por cada susurro del viento las recuerdo
y es entonces cuando respiro más profundo y recuerdo de nuevo tu imagen que está encarcelada en mi mente, pero ahora tú, tú sólo estás así y, aunque no te conozco, sé que sí, por tus palabras, por cuando me dices loco, por cuando me dices: señor don Trucha
o por cuando te digo: Señorita café ojos color de caoba.

En el banco de mis amistades, tú eres la más, la menos y la todo importante,
porque con ella se llena un tanque de miles de palabras que cruzamos y que comunicamos
y el puente de la comunicación se hizo corto hasta exceder,
de lo cual me arrepiento, porque ahora las perdí,
no sé qué hice, pero lo hice y bastó para que te perdiera.
Siempre me consideraré tu amigo,
que dios te bendiga hoy y siempre,
pequeña princesa.

21/04/2009.

Mi trabajo es:

Prevenir toda clase de lesión o daño, reconociendo los peligros, analizando, priorizando y controlando sus riesgos mediante la ingeniería y administración, así como capacitar, adiestrar y responder humanamente a toda clase de emergencia o accidente.

Mi trabajo es:
Todos los días predicar y ejemplificar orden, disciplina y trabajo, bajo estándares de cumplimiento, fomentando la toma de decisiones, el uso de los sentidos y la lógica, para prevenir sufrimientos, desgracias y/o daños mecánicos o ambientales.

Mi trabajo es:
Todos los días fomentar a las personas una cultura de protección personal y ambiental, con enfoque humano, con enfoque social, técnico-normativo y como medio de superación de nuestro negocio, evitando costos innecesarios, como subsidios médicos, reparaciones y/o remediaciones.

Mi trabajo es:
Trabajar para dios, para las personas, para mi empresa, aunque cuando hablamos de personas y empresa, a veces se pierde,
para producir hay que sustentar nuestro capital humano.
nuestro entorno ambiental y social.

Mi trabajo es:
Insistir contracorriente, ser terco al tener la razón, ser proactivo y buscar los medios necesarios para corregir deficiencias, deficiencias que más tarde te saldrán más caras porque no pudiste controlarlas para evitar accidentes,
ya sea en las personas, en las instalaciones o en el medio ambiente.

Mi trabajo es:
La ecología, la seguridad, sólo se pueden lograr cambiando la forma de pensar y actuar de las personas, esto cuesta mucho, porque en México no tenemos esa preparación desde la escuela o desde nuestra casa y por ende, a diario se ve lo que nos cuesta esta falta de educación, se ve en las carreteras, en las empresas, en el campo y en el hogar.

Mi trabajo es:
Buscar fórmulas, equipos de protección, formas de hacer la tarea, motivar, charlar, capacitar, mejorar condiciones, herramienta, métodos, etcétera, lo que sea que te permita demostrar y de fondo cambiar el sentido de la gente hacia la cultura organizacional de prevención laboral y ambiental.

Mi trabajo es:
Con mucha insistencia, corazón e hígado, involucrar a todas las personas a terminar bien sus operaciones sin que afecte a ellos mismos, otras personas, sus activos o su entorno ambiental,
pero siempre creyendo en dios, porque él todos los días
en su librito te anota
lo que buscaste para cambiar la forma de pensar de la protección de la vida, el regalo más preciado que él nos dio.

23/04/2009.

La vida es escasa

La vida, ¿qué es la vida?... no lo sé, pero lo que sí sé es que se asocia con el tiempo y con el amor y que, si yo pudiera tener más vida u otra vida,
le pediría a dios el don de enseñar y de volver a aprender que la vida es escasa cuando:

- Hacia abajo a los demás quieres mirar y no de frente para ayudar, sonreír o dialogar.
- Cuando no tomaste las manos y besaste la mejilla de la persona a la que más quieres.
- Cuando lastimaste a alguien no escuchándole o evadiste su vista, ocultando lo que sientes en un viejo ataúd.
- Cuando no diste un abrazo, calor y cobijo sincero sino mal intencionado.
- Cuando no acariciaste la mejilla de tu amiga o diste una palmada a tu amigo que está decepcionado.
- Cuando a un amigo no escuchaste lo que él o ella te querían confesar, cuando no lo animaste y le diste esperanzas basadas en dios.
- Cuando pasaste tu examen copiando a tu compañero más aplicado o sobornando al maestro.
- Cuando no lograste un triunfo de forma honesta y con esfuerzo propio.
- Cuando no te diste el tiempo para cantar "Las Mañanitas" a tus hijos el día de su cumpleaños.
- Cuando soñaste con tus padres o hermanos y no te has comunicado con ellos desde hace tiempo.

La vida es escasa, pero siempre hay que dar lo mejor, la vida es escasa, pero debemos de disfrutarla con una sonrisa, con una mirada, con un gesto, con una palabra, con un beso, con la verdad.

La vida es escasa y nadie quiere vivir así, sabiendo que vas a morir y que en el camino de la vida vas a recaer y a tropezar con muchos obstáculos, pero que tienes que llegar.

La vida es escasa, pero cuando sale el sol, cuando sopla el viento y rosa tu piel, cuando tu corazón pesa porque en él cabe mucha gente, tienes que seguir.

La vida tal vez es escasa pero única y autentica como tú, cierra tus ojos y planéala como la quieres vivir hoy, mañana y todos los días.

09/10/2009.

Un poquito de ti

Aquí, a oscuras, en un pantano de casi lágrimas, con un ruido en la nuca, con pensamientos gastados, con una placa de fierro soldada en mi frente, con un pensamiento enredoso, con las sonrisas de mis hijos grabadas en mi mente, con mis confusiones, con mis visiones profusas, con fantasmas de ajenos planetas, con la agonía de mis letras, con suspiros profundos, con cansancio en mis venas y con la luna bolera.

Te quiero flaca, y aunque me cuesta decirlo, sólo quiero un poquito de ti, sólo quiero un poquito de ti, de tus suaves manos, de nunca tu melancolía, de nunca tu inocencia, de tu boca carcomiendo la mía, de matar esta lejanía y la melancolía que cada vez que pasan los días, crece como un insecto gigante.

17/12/2009.

Hoy toqué tu corazón

Hoy sentí que toqué tu corazón y que el tuyo tocaba el mío, hoy te entendí
y sentí que tú por dentro, estuviste tranquila y feliz,
te enamorabas de mí, como yo de ti.
Hoy sentí que, aunque te tenía a unos cuantos centímetros y no estábamos juntos físicamente, en verdad yo estaba dentro de ti y tú de mí,
hoy sentí que queríamos lo mismo,
hoy sentí que toqué tu corazón.

Hoy toqué tu corazón, tus labios, tus ojos, tu piel,
hoy toqué como nunca tu corazón, también te vi reír y me besaste,
hoy en mí pensaste, lo sé porque ocurrió lo mismo conmigo, lo sé porque soñé contigo y escuché una canción recordándote,
por eso lo es,
porque sentí que hoy toqué… toqué tu corazón.

22/05/2011.

Síntesis de un loco enamorado

Estoy parado sobre la cima del volcán más alto del país
y estoy buscando tus ojos para que me miren,
como no te encuentro en pocos instantes,
cierro mis ojos e imagino que estoy en un cuarto oscuro,
mientras escucho sólo una gota de agua del lavabo del baño que me está arrullando,
prendo la lámpara con la que entro a la mina
y me doy cuenta de que en la luz que ésta refleja hacia la pared de este cuarto,
ahí están tus ojos, ahí está también tu nariz, tu boca, tu cabello, tus manos y tu silueta,
tú me sonríes y yo nervioso lo hago también, pero como aún tengo los ojos cerrados,
al abrirlos ya no te veo, pero sí te escucho
entre el aire que hace un remolino en este cuarto oscuro
y se diluye entre la montaña, como si estuviese dirigiéndose a la luna.
Ahora quiero asomarme por la ventana para ver la luna,
pero siento como si mis brazos cargaran una placa de acero,
como si mi mente pesara y como si tú estuvieses en mi pecho,
pienso que estás tú, quién más podría estar, quién más que a quien tú extrañas,
quién más que a quien tú quieres, dime a quién más, dímelo tú.

Ahora la pesadez en mis brazos se ha ido y expiro una sola vez muy fuerte sintiendo que el aire se acumula en mi cuarto, me pongo en calma, porque pareciera que lo que describo es de locos y para poder estar en calma, vuelvo a cerrar de nuevo mis ojos y me percato que la gota de agua que cada segundo caía en el piso ya no está, que el viento se condensó y luego se evaporó, que la luna descendió, que la luz ya se fundió, pero que tú todavía estás en mi pecho, en mi corazón y entonces, al encontrarte, sólo así decido buscarte de nuevo para encontrar ahora tu cuerpo y decido hacerlo ahí donde empecé, en el volcán.

Abro los ojos y veo los rayos del sol, las aves emigrando en grupo y los arroyos que se forman por el deshielo de la nieve del volcán,

me doy cuenta de que estos arroyos se parecen a tus venas, también que los rayos del sol son tus ojos y que las aves volando son tu alma,

que sólo tenía tu corazón en mi pecho, pero quería lo demás, entonces pienso en lanzarme desde ahí y caer, pero no lo hago sin pensarlo otra vez,

porque sería una locura, posiblemente me mataría, entonces otra vez cierro mis ojos y ahora aspiro profundo, me lanzo y al ir caminando y descendiendo, tú estás ahí, vestida tan bonita, con tu labial rosa, alegre, con el gesto más coqueto que me has ofrecido y entonces caminas para encontrarme porque me necesitas, como yo a ti.

31/05/2011.

Hoy, después...

Hoy, después de almacenar una página más de mis deseos de poder besarte, de sentir la calidez de tu piel y de respirar tu aliento,
hoy después de haber convivido un día más de mi vida contigo, de surfear soñar despierto y de enamorarme más de los ojos con que me miras,
he llegado a mi cuarto a pensar en ti, a sentir el aire que imagino en tus caricias
y a escribir lo mucho que te quiero, te sueño despierto, porque aquí estoy solo,
puedo hacerlo y lo único que requiero son nuestros recuerdos.

Hoy, después de haber imposibilitado decir lo que siento,
atrapar mi sentimiento
y no soñar despierto de en silencio pigmentar mi cuerpo y acelerar mi corazón hambriento.

Hoy, después de estilar mi pluma escribiendo lo que pienso,
de brincar los charcos de mi silencio,
de entender mis celos por dentro
y de cerrar mis ojos para arroparte cuando me necesites,
he llegado a mi cuarto a dibujar tu rostro en la textura de mi pared,
tu cuerpo en el acabado de la caoba de mi escritorio
y tus gestos con el reflejo de mi espejo.

Hoy, después de esperar toda una semana,
después de soñarte tanto en mi cama,
de perfumar mi alma con tu aroma
que quedó impregnado en mí la vez que bese tus labios,
de tocar mi frente para guardarte ahí con el sabor de la última vez que tomé tus manos,
de soñar despierto, de sentirme sediento porque te espero,
de expirar mis más profundos errores y de ser seguro en lo que siento,
declaro a todos los vientos que te amo, le confieso a la luna que te extraño, a la oscuridad que esto en mí es muy raro y a las estrellas que te cuiden.

21/08/2011.

I want to open your heart

I want to open your heart, I won't open the buttons of your blouse sexy or your nice legs, I listen the music into your heart, I will always accompaniment, I will get your kisses and the warmth of your skin, without hidden my feelings, I write my story with memories and minutes where I am with you, I hope you're reading this translation and also feel you that I open your heart, I will preserve your heart and it will be lovely days, we will be together, we will have fantastic moments for refresh every day our love,
with your kisses and your smile when we will look.

January 1_2012.

Son lágrimas o gotas de sangre

Son lágrimas o gotas de sangre, las lágrimas de llorar por ti
y las gotas de sangre de lo cansado de mis ojos.
Hoy me acerqué al cielo y te buscaba con los ojos cerrados,
solo con tu imagen que se desvanecía,
qué fácil es decir: te odio, ya no te quiero,
qué difícil es dejar de extrañarte,
la verdad es que tengo frio y siento que te necesito,
tal vez, lo que sea, ya es irreparable,
pero tú sólo juegas conmigo como un balón de basquetbol
que rebotas en el piso y sabes que regresará a tus manos,
no lo rebotes sobre aristas que lo ponchen, ni siquiera de papel,
los ojos que un día te vieron amanecer en mis brazos y aliviar a cada
uno de mis hijos,
se están quemando.

18/07/2012.

Corazón escondido

Esto es para ti y tu corazón escondido, que sólo demuestra gestos de aceptación pero que por dentro recibe órdenes de tus pensamientos para que frene sus latidos y genere una negación cada vez que cruzamos miradas o intentes devolver una sonrisa para mí.

Esto es para ti, que no expresas lo que sientes, sólo con signos de interrogación y que, si lo haces, pareciera que son ráfagas de viento sobre el viento
y sobre las ráfagas de viento tu aliento,
tú qué piensas que ni siquiera ha de notarse,
pero yo sí lo noto, porque siento su calidez, que es mi tierno alimento.

Esto es para ti, que sufres cuando estás conmigo, que prefieres retirarte pronto, desviar tu mirada o decir temas fuera de conversación.
Para ti que sufres porque a escondidas es más seguro, aunque sigue siendo incompleto,
que sufres porque soy un inepto que no hago que muera lo que siento.

Esto es para ti, que tienes el poder de sacar provecho del lápiz que escribe estas palabras para plasmar lo que no puedo decirte o radiar cerca, porque siempre estás lejos y porque tu corazón escondido prefiere hacerse desapercibido para frenar la tentación.

Esto es para ti, seguro estoy que no podré olvidar, quizás mañana,
un día antes del fin del mundo será que tu corazón escondido
piense si seguirá siendo como es, yo ya no estaré,
sólo el roció por la mañana te recordará que estuve aquí,
en tu corazón escondido, en el que corrimos riesgos.

21/11/2012.

Hola Dios

Hola dios,
¿cómo estás?,
¿cómo te ha ido?,
yo bien,
aquí pensando en ti.
Dios, facilítame mi camino,
hoy oré,
hoy desperté y creí firmemente en ti;
hoy lloré,
hoy reí,
también me ilusioné.
hoy poco descansé,
hoy busqué el confort en ti,
encontré tu apoyo espiritual.
Sé que mis pensamientos no son sanos,
que he cometido errores,
al fin humanos.

21/12/2012.

Como mariposa

Tan dura por fuera como una roca, pero por dentro sé que eres una bella mariposa.
Estoy pensando en ti, cómo no he de hacerlo si ya es parte de mi rutina desde que te vi.
Sé que estás triste, que tus impulsos están encadenados y que la llave del candado
está en medio de tu corazón.

Cómo dormir cuando el aire pesa, cuando un clavo se entierra en tu frente con los golpes del martillo de la vida.

Cómo dormir cuando el ruido no cesa y la reflexión de la luz no se esconde o me deja.
Al menos quiero que cortes esa cadena que sujeta tus pies,
con un soplete yo te ayudaré para que la llave conserves.

Son 17 alcatraces que en el cielo están para ti, blancos como la cera y grandes como tus sentimientos.

20/05/2013.

Hola amor

Hola amor, sé que no es suficiente el conocimiento
y que quisiera tener en mis manos el control del tiempo,
con botones que te acerquen a mí en este momento,
con canales donde sólo estés tú, tu respiración, caricias y aliento
y cuando estés cerca conquistar el calor de tu cuerpo,
tu pensamiento y el sabor de tus suaves labios rojos hambrientos.

Hola amor, sé que no es suficiente el tiempo
y que quisiera tener en mis manos la reproducción de tu cuerpo,
la calidez y cobijo de tu amor, la seducción de tus movimientos
y el encanto de tus palabras, el camino de tu cuello
y los laberintos formados por cada uno de tus vellos
que me mantienen vivo y cerca de tu corazón.

Hola amor, cada vez que viajo a cualquier destino por tierra, mar o en el avión y veo los lagos, los ríos, los riscos, las arboledas surcadas y el relieve de las montañas, imagino que son tus brazos abiertos que me acompañan a donde quiera que voy, que me dan fuerza, paz y cariño muy especial, imagino que son tus manos que atraen a las mías para explorar tu cuerpo y tu cintura tomar para vibrar de emoción.

24/01/2014.

Cuando más te necesito

Cuando más te necesito, tú no estás aquí, es lenta la agonía
pues es la malvada sinfonía de pensar en alguien desde que brilla el día
y la oscuridad se desvanece cuando la necesidad crece y tú no estás
aquí.

La soledad se apodera de tus bellas palabras que jamás cumpliste,
mi credibilidad se hace pobre y mis ojos irritados siguen creyendo que
volverás en cualquier momento para estar conmigo.

La oportunidad de tenerte a mi lado fue blindada, dónde te firmo un
montón de cariño,
no internes tu amor, yo lo quiero, pues cuando más te necesito, tú no
estás aquí.

No quiero tu belleza, sino un tiempo juntos y que elaboremos el guión
de nuestra historia, no hay motivos para no fijar mis ojos francos hacia
tu mirada,
sino la inspiración y amor que tú siembres.

Sólo el sonido del refrigerador vacío como yo, me acompaña, ya ni la
luz quiere hacerlo, pues el foco no prende y si prende al poco tiempo
se apaga, tal vez allá en el cielo o en la resbaladilla de una tormenta me
des a resguardo tu corazón.

Cómo quisiera que nuestras mejillas se juntaran en este momento
y que una hermosa música nos acompañara con la luna siendo la
testigo de honor, que la noche nos proteja, tener nuestras almas libres,
respiros profundos y ecos al compás de nuestro amor.

Quiero dormir, me siento muy cansado, aunque sé que no es simple, tengo un montón de ganas de verte, pues te amo, pero si tú no estás se me hace difícil evitar que la deriva me arrebate tu cariño, sé que mi fortaleza es una guerra interna de mente y corazón.
Siempre había ganado la mente, pero ahora gana el corazón y gana simplemente perdiéndolo por ti.

Cuando más te necesito, mata a todos mis enemigos tu arrogancia, tus caprichos y tu vanidad, según yo, tú me amas y sé que así es, pues me acuerdo de las horas hermosas y los columpios de sentimientos y amor que se presentaban al estar tú atada a mi pecho, a mis besos, a cada poro, besos y palabras que intercambiamos,
sé que pertenezco a tu mundo y en el diseño de tus pensamientos e imágenes que inyectas a tu mente, estoy yo y tus sentimientos.

Reaccionemos, no sabes cómo me haces falta y tú no estás aquí, te amo.

07/04/2014.

Hoy empieza un peldaño más de mi vida

Hoy empieza un peldaño más de mi vida, la que construyo de manera muy frágil con palillos de madera, pero con mucho amor hacia mis seres queridos.
Hoy que los fantasmas del pasado no me dejan,
pero que poco a poco sé que ellos se han alejado,
estoy aquí parado, quisiera decir que abandonado,
pero no, hay unos ángeles que me motivan y necesitan,
como no huir de la vida, como reír con la vida,
como seducirla y encantarla,
como amarla y bien disfrutarla,
finalmente es vida, con altas y bajas, con valles y crestas, con llantos y risas,
con amor y desamor con una personalidad distinta
por cada minuto que transcurre.

Esta escalera está parchada con un larguero más corto, pero firme y de pie con peso encima y con mucha fortaleza, la escalera necesita apoyos en sus laterales y los peldaños reforzar, trabajemos en ello, yo sé que me va a costar,
pero al fin y al cabo de mi nombre triunfar saldrá.

08/06/2014.

Kathia y Julián

Cuánto daría estar a su lado hijos míos, Kathia y Julián,
amar de cerca o al menos mirar desde la cima del volcán.

Kathia y Julián, los amo hijos míos, no pierdan su nobleza
como un blanco tulipán cubierto de roció no pierde su belleza.

Kathia y Julián, hijos míos, disfruten su niñez e inocencia
de recuerdos y vivencias, apuesto que felices crecerán.

Kathia y Julián, con mucho cariño y guía, mamá y papá cuidarán,
siempre los protegeremos como una muralla de un huracán.

Ojos diáfanos y cristalinos, llenos de insigne luz,
tal y como la luna se enamora de este bello andaluz;
de Julián dijo la estrella, pues es un apuesto príncipe azul,
el sol se puso celoso de Julián que no quiso jugar con él y se fue en el autobús.

Kathia, yo quisiera conquistar el mundo para ti y quisiera que
alcanzaras las estrellas usando como escalón mi espalda,
yo deseo que todos tus propósitos bien encaminados perduren
y que tu amor a la vida y a tus padres conserves siempre.
Dios te cuide mi bella princesa.

De los mares que salen, de las nieblas y tormentas,
de los soles y los huracanes, cuando Julián a su escuela sale,
pareciera que todo está bien y todo cabe,
pero Julián, al regresar por la tarde junto con su hermana,
una batalla más con los mares, las nieblas, las tormentas, los soles,
huracanes y la casa
que no calma hasta tarde.

Kathia y Julián.

11/12/2014.

Así de transparente

Con el corazón transparente y la sonrisa como la luna,
que se desboca desde la tribuna
cuando el vaivén del bello atardecer de sus ojos negros despiertan
y que son como veleros que se ocultan
y salen cuando sopla el viento y el viento como loco se pone de celos
por el velero,
la luna desbocada y el bello atardecer.

Con el azul del cielo y el blanco de las nubes tejidos los guantes de sus suaves manos, que con los ojos cerrados una caricia quisiera tener, con las cascadas de su cabello y las olas que en él se forman, su karma y su esbozada mejilla que ruboriza y pinta una noche, como si la noche con colores claros de una pluma con tinta del color del arcoíris diera forma y esencia a las letras transparentes y hermosas como lo es usted.

Así de transparente como el aire que respiro profundo cuando estoy en lo más alto de la montaña, como el agua que observo de los lagos, como lo verde de la copa de los árboles, como las aves cuando se desplazan de un sitio a otro, así de transparente, tan linda, tan sencilla
y sublime, que mirarte es admirable,
ángel duerme, oye, piensa, vive,
hazlo de manera tan delicada
como cuando cae el pétalo de una flor a una gasa de seda.

26/12/2014.

Se trata de mí y de ti

Se trata de mí y de ti, para ti y para mí,
de no extinguir la flama que a ti me enreda, de no perderte en la vereda
y de disfrutar lo que nos queda,
darle oxígeno y calor, abrazarte e impeler mi suave viento,
tocar tus manos como ser sediento,
morder tus labios como lobo hambriento,
aspirar el aroma de tu piel, eres un nuevo día y yo el anochecer,
acariciar tu cabello y jugar con él,
estremecer nuestros cuerpos en éxtasis y placer,
adentrarme en tu corazón, mirar tus sueños, recorrer tu cuello,
contar tus vellos y cada poro de tu piel,
no por robar un tramo de tu vida, corazón o mente,
quizás sufra al no tenerte, o cuando de mí te apartes y de manera confidente,
espero encontrarte, pues eres la flama que da calor a mi corazón,
espero no dejar de extrañarte, espero reencontrarte,
espero ser el centinela que cuida entre la coraza de mármol
y tu corazón, frágil como porcelana, tu alma y tus nobles sentimientos.

Te extrañé y me haces falta, si no estás te recuerdo y si te recuerdo me embriago en mi soledad y si en mi soledad me embriago, te recuerdo más y más, se trata de recortarte y quererte, se trata más de mí que de ti, de que me simpatizas, de que, con mucho valor, constancia y causa, el amor que te tengo hacen que continúe y mi corazón gobierne mis sentidos.

Por tus venas corre acero líquido, tu corazón es de roca, tus sentimientos la mística de mi ser, muñeca de vainilla y de papel, que brilla en cada esquina y que las sombras iluminan con la luz de su ser, vista de leopardo, con historia de cazador furtivo, que en la selva en donde vivo, con la piel y cada vello que tu cuerpo expone al sol, son la adicción que me reanima y tu cuerpo la cantina donde me embriago al anochecer.

11/01/2015.

La que más me gusta

La que más me gusta, es aquella que me enamora cuando se detiene frente al espejo para cepillar su cabello y en cada movimiento refleja su linda y estética imagen en él, la misma que cuando la luz del día o la luminaria bajo la luna la acarician, esculpen su sombra tan sublime y llena de bondad como su corazón.

La que más me gusta es atractiva, ruda y tierna a la vez, la que cuando dice que va al norte, es porque baja al sur o viceversa, ella es así, ella es la que más me gusta y se llama mi esposa, porque para mí es bella en cada parte de su cuerpo, mi amiga, la mujer hermosa desde que la conocí y aún más cuando alumbro a mis preciados tesoros, a mis hijos, la que de donde viene el aire la llevo y puso tan cerca de mí, que no pude enamorarme aquella vez en que, jugando, la conquisté, aquella vez que con mis besos arropé,

que con mi calor yo la custodié y a quien en mí, la mamá de mis hijos presagié.

La que más me gusta es aquella que a veces, con una melodía tenebrosa, estuve cerca de perderla, aun esa melodía la recuerdo, pero doy gracias a ello, porque aprendí a valorarla y a no jugar con sus sentimientos.

La que más me gusta, con la que hablo a las 10 de la noche, a la que a todas horas pregunto por nuestros hermosos hijos que nos unen,
a la que su piel y tonalidad no he dejado de oler, mirar y disfrutar.

La que más me gusta, a la que a veces le cedo un espacio de silencio, a la que me muestra el paisaje del interior de su corazón y me deja continuar al aire que diluye mis preocupaciones.

La que más me gusta, la que suelta sus sentimientos de manera inquieta pero interna.

La que más me gusta y que la que recuerdo con nostalgia cuando estoy fuera de casa,
la que por kilómetros de montaña, valles y ríos y cuando me acerco veo abrazar.

24/07/2015.

Eres un diamante y yo un pedazo de carbón

Prometo amarte silenciosamente, armar infinitos sueños vagos con tu cuerpo, con tus emociones, con tus sentidos y con tus sentimientos, prometo en esos sueños robarte tu inocencia, estar ahí con frenesí y deseada permanencia.
Prometo sentirte tan cerca y mirarte a los ojos, aunque no estás aquí, estar a tu lado aunque fueran sólo unos minutos
y hacerlos una hermosa velada llena de éxtasis y locura.
Tú eres un diamante y yo sólo un pedazo de carbón; cristalina como el roció de las mañanas en una hermosa flor de margarita blanca y yo, como las manchas opacas del hollín que queda en el escape de un camión.

Eres un diamante y de éste, es tu cuerpo de mujer, una bella muñequita que me enamora en el vals del romanticismo y también la mujer de mis pasiones que danza en el ballet de mis atenciones y quiero conocer.
Eres la musa de mis pasiones, lo que nutre mis adicciones
y la luz de mis sombras al amanecer.
Cuando te veo redescubro mis sentimientos y estos se suben a un caballo y galopan fuerte para acercarme a ti, sólo el aire que expiro puede alcanzarte y rosar tu piel, tus labios, tu cuello, tu busto, tus glúteos, tus piernas y cada poro de tu cuerpo,
desde la noche hasta el amanecer.

Eres un diamante en la luz del día y yo un pedazo de carbón en el negro anochecer,
el que quiere permanecer contigo para compartir cada bello amanecer,
el que quiere tenerte, no sólo en los pensamientos o las imágenes,
que escaneadas albergan en mi corazón, sino también
en cada parte de tu ser, en cada beso, en cada caricia, en cada sonrisa,
en cada mirada y en cada roce de nuestra piel,
con el tizne que mi cuerpo tiene impregnado
con la figura y las cuervas de tu cuerpo a mi lado,
con la pasión que tus besos me provocan,
con la delicadeza y fusión de nuestros cuerpos
cuando cada uno se estremece con ritmo al hacerte mi amante y mi mujer.

25/08/2015.

Son tus líneas

Son tus líneas definidas, curvas infinitas y compuestas del rocío que absorbe tu piel por las mañanas,
son los lagos del deseo y un exuberante placer,
es tu pecho, la coraza de tus emociones que, enmarañadas con tus sentimientos y pasiones,
en los trenes de mis sueños y complicaciones, viven en mí.
Son tus labios rojos sublimes con la esencia del néctar de un clavel,
son tus ojos cristalinos, como nubes en un bello atardecer,
son las líneas de tu sonrisa y tu forma de ser,
son tus palabras en el aire que exhalas cuando estamos tan cerca,
que enamoran a mi corazón,
son tus besos la columna de mis adicciones,
eres la musa de mis pasiones, la estrella que vela mis noches opacando a la luna que se esconde tras las mañanas,
la mujer que brilla tras la cortina de seda que se postra en mi ventana,
con la luz de cada pigmento de tu cuerpo, que refleja e imprime tu silueta,
su bondad y su perfección en la sinopsis de mi romántica admiración.

Buen día corazón, me gusta observar el desliz de tus labios, el brillo de tus ojos y la suavidad de tu pelo, me gusta decir que te quiero por las mañanas, así como me gusta escuchar el trinar de las aves, antes de despegar al viento.

31/08/2015.

Somos románticos

Las letras de este poema forman tu cuerpo, una bella inspiración,
un gesto amoroso y tus labios que abren esta conversación.

Tus mejillas y el aliento de tu alma, tus ojos llenos de una sublime luz,
tus labios que hacen una comparsa de cada delicada línea de tu expresión

al ritmo de un vals que se mueve dentro de mi corazón,
su néctar, mi más profunda degustación,
una sonrisa tímida y encantadora por cada gesticulación.

Ricos, encantadores, tiernos, honestos, que insisten en hacerme soñar,
son tus labios, el laberinto que quiero explorar y al tacto profanar.

Del tren de mis emociones,
soñar con esas bellas pasiones
con las estrellas, el viento, con un volcán y sus erupciones,
son la enredadera de mis adicciones al tu cuerpo tocar.

El fondo eres tú, no importa la fotografía, la estatua, la pintura, el objeto tuyo,
sino la afiliación de cada uno de ellos con tu olor, sabor, color
y lenguaje de tu alocada sensualidad.

Haremos un paisaje en un pergamino,
en el universo brincaremos a los anillos de Saturno,
donde corren hacia la meta los delfines
y elefantes toman el néctar de unos girasoles, estaremos ahí.

Compondremos una canción, con gotas de roció que se desprende de nuestros ojos,
una pluma compuesta de tus cabellos y la tinta de los rayos del sol.

Una novela con los actores suspiro,
vaivén de tu cuerpo y una sensible adicción,
los villanos el riesgo de perderte y la falta de tu calor,
el escenario, bosques pintados con los colores del arcoíris
y como coestelares el sol, la luna y una constelación.

Una poesía con la constitución de una blanca rosa
que humectada de cálidas melodías,
el aire de las 12 del día,
hace que te escriba, amada mía.

En los poros de tu piel y el torrente caudal en tus venas,
donde hay equilibrio y tu alegría,
la adrenalina de mis pasantías,
de extrañarte noche y día y la hegemonía de tu simpatía,
se corrompen con tus besos, tu piel, curvas y piernas que son sólo mías.

Así es, somos románticos, lo tenemos tatuado en nuestra piel,
contenidos con una película de tu olor,
con la clave de nuestro sabor
y los cristales que protegen tu corazón.

28/05/2016.

Qué tan profundo

En este barril profundo, depósito del silencio que me caracteriza, mis ojos que se comunican contigo y te dicen te extraño,
mis manos que profanan tu bella silueta y a la vez la sonrisa tan coqueta
y tu suave imagen que tras las sombras se mimetiza.

En este barril profundo escribo tu nombre rodeado de un campo lleno de alcatraces de color amarillo
las letras con hilos tejidos en tu frágil cuadernillo
y la tinta de mi pluma son el néctar de tus labios
que pintados de color rojo, en la noche iluminan el cielo con su intenso brillo.

Tan profundo como el color de tus ojos, como el pigmento del color de tu piel,
como un barco en altamar y en el barco un recital
donde el agua es la humedad de tus labios,
donde el sol ayer se ha sumergido,
donde la esencia de tu boca es el perfume que la luna se coloca por las noches
antes de salir a bailar un vals.

Tan profundo como tu linda sonrisa y tus dientes alineados como un desfile de estrellas, donde sostenido de cada una de ellas, haré con tu cuerpo infinitas aventuras
de mis pensamientos plasmadas travesuras,
apaciguare las aguas del olimpo, con las notas de esta escritura
y cada movimiento de tus suaves curvas
con mis labios que exploran tu cuello, espalda y cintura.

Tan profundo, que se desplace con estabilidad
con la respuesta de cubrir una necesidad,
la de mis sentimientos, la de mi compañía,
con estas noches de soñar contigo y de pensar en ti todo el día,
con los sentidos sumados como vectores
que en el aire despiden sabor a café y sus excitantes olores,
que se alojan detrás de tu ropa, dentro de tu pecho,
en tu alma y en cada una de tus respiraciones.

06/09/2016.

Al cerrar mis ojos

Surfearé en los mares que existen en la humedad de tu boca,
construiré castillos con cada oleaje que tus gestos provocan,
con ambos labios de tu boca dibujaré una ciudad de cantera rosa
y con tus caricias que me provocan las marquesinas populosas.

Al cerrar mis ojos.
Dispersaré con mis manos en el universo cada una de sus estrellas,
armaré tu nombre y un vestido con ellas,
que usarás en la noche más bella,
cuando esté contigo, cuando yo te vea, cuando en esta panguea,
yacer nuestros cuerpos discretean.
Al cerrar mis ojos.

10/01/2017.

A mi hija

Quiero agradecer en primer lugar, a DIOS por estar aquí este día
y por bendecir esta celebración.
En segundo lugar, a mi esposa, quien tuvo el don de dar su concepción
y que sin ella no hubiera podido ser posible esta reunión,
de igual forma agradezco a mis familiares y amigos.

Estas palabras que expreso son con todo el amor de padre hacia mi
hermosa hija en este día tan especial
y por supuesto, para mi hijo, quien está aquí a mi lado.
Al decir mis hijos, quiero ser para ellos un escudo de hierro,
un viento cálido y la toalla que limpia las lágrimas en su rostro,
ellos hacen que mis pensamientos, aventuras y quehaceres giren
alrededor de su vida.

Mis hijos son el reflejo de mi alma y el brillo de sus ojos la inocente
sensación de amor que algún día perdí cuando dejé de ser un niño.

Al nacer mi Kathia, la historia de mi vida cambio por completo,
ese día no sólo me graduaba como profesionista, sino también como padre,
la más importante graduación en mi vida.
Recuerdo bien que miraba el reflejo de mi rostro en mis zapatos
lustrados
mientras caminaba impaciente, esperando verla y tocar sus manitas,
sin duda ya mi rostro había cambiado.
Dos cosas hicieron el cambio: la felicidad y con ello la
responsabilidad.

Mi hija, mi primogénita, quien me cambió la vida, quien me dio éxito desde que nació, quien me sonrió, a quien enseñé a caminar tomando su mano, a quien paseaba en bicicleta, a quien disfrutaba verla bailar, hoy es una señorita, hoy la presento ante mis familiares y amigos, hoy estoy feliz y espero lo mejor de ella para salir adelante, para mostrarme acciones buenas, encaminadas de la mano de dios
y vivir cada una de las etapas de su vida que aún le deparan.

Dios te bendiga, mi princesa hermosa, en este día tan especial, dios te bendiga mi amor. Salud, éxito y paz espiritual.

13/09/2017.

La almohada incómoda

Déjame entrar de nuevo hasta el fondo de tu corazón, deja morir tus actos ciegos y empieza a sentir, deja que acaricie tu pelo y el olor de tu cuerpo al esculpir, con los sabores de tus senos y cada uno de tus vellos que me provocan frenesí, cada uno de tus sueños que me extrañan a mí.

Llamaré mil veces a tu puerta que construiste sobre el árbol crecido, que sembré y aboné, diré tu nombre en mis sueños y sólo para mí.

No sé qué siento, quizás sea mi penuria,
no me atrevo a decirlo y prefiero hacia ti mantener mi lujuria,
pues ya lo intenté con mi brazo izquierdo porque el derecho ya se cansó,
tus ojos parecen un pedacito de cielo pintados con el mejor color
y que por el más exitoso artista, biselados con miel están alrededor
de un par de estrellas, los declives del Everest rodeados de bellos
enseres: tú a mí,
como las aves que vuelan al atardecer.

18/08/2017.

Degustar tus labios

Hola amor, te recuerdo en cada ocaso atardecer, extraño el etéreo roce de tus manos en mi piel, proyecto en mi mente tu rostro y tu cuerpo, muy en particular tus labios rosas
y la bonhomía de tu cintura.
Quisiera que juntos oliéramos de nuevo el pasto fresco en una sosegada lluvia
que acompaña nuestra travesía, despertar en ti en el alba la apertura del día,
conversar y escuchar tus divertidas ocurrencias.
Disfrutar ofrecerte mis atenciones, porque hay luz en tus ojos y porque me encanta la definición de tu linda sonrisa y cada una de sus expresiones,
porque degustar tus labios es caminar de una sombra fría en donde aparece el sol,
degustar tus labios es pigmentar cada vez más mi corazón.
Pinta con tus besos mis emociones, dale color a mis ojos, te extraño mucho amor...

31/12/2017.

www.ingramcontent.com/pod-product-compliance
Lightning Source LLC
LaVergne TN
LVHW041540060526
838200LV00037B/1076